Disney

Les Sorciers de Waverly Place

Un frère trop parfait

Cet ouvrage a initialement paru en langue anglaise
en 2010 chez Disney Press sous le titre :
Oh, Brother !, écrit par Sara Nathan.
Basé sur la série *Les Sorciers de Waverly Place* créée par Todd J. Greenwald.
Première histoire adaptée de l'épisode « Justin's Little Sister »,
écrit par Eve Weston.
Deuxième histoire adaptée de l'épisode « Alex in the Middle »,
écrit par Matt Goldman.

Traduit de l'américain par Blandine Longre.

Conception graphique de la série : Audrey Thierry.

Hachette Livre, 43 quai de Grenelle, 75015 Paris

Disney

Les Sorciers de Waverly Place

Un frère trop parfait

hachette JEUNESSE

ALEX

Alex Russo est une sorcière espiègle et têtue qui rêve d'avoir plus de liberté. Elle se dispute souvent avec sa mère et refuse de lui obéir... Alex possède un véritable talent pour la magie, et elle espère remporter, un jour, le concours de sorcellerie familial !

MAX

Max, le plus jeune des enfants Russo, est curieux et malin, et passe son temps à faire des farces. Il ne sait pas toujours maîtriser ses pouvoirs magiques et, lorsqu'il s'en sert, c'est souvent une catastrophe !

JUSTIN

Justin est l'aîné des enfants Russo. Contrairement à sa sœur, c'est un élève sérieux : il étudie la sorcellerie depuis des années et réussit (presque) tout ce qu'il entreprend. Très intelligent, il aimerait qu'Alex respecte plus souvent les règles !

Première histoire :

Un frère trop parfait

1

Dans la salle de classe, Alex Russo bavarde avec sa meilleure amie, Harper Evans, en attendant le professeur d'histoire, M. Laritate. Alors que la sonnerie retentit, celui-ci fait son entrée. Il est habillé de son costume habituel mais, ce jour-là, il porte en plus une cravate de cowboy.

— Ça suffit, un peu moins de bruit ! s'écrie-t-il. Nous allons commencer notre cours du jeudi…

Il s'interrompt une seconde pour ménager le suspense.

— ... avec une interrogation orale ! annonce-t-il.

Tous les élèves gémissent. Alex se tourne vers Harper, assise derrière elle, et lève les yeux au ciel.

— Quelle surprise ! commente-t-elle avec ironie. On en a une *tous* les jeudis.

Le professeur parcourt la salle du regard pour désigner qui il va interroger en premier.

— Wendy Bott ! appelle-t-il. La guerre entre les Français et les Indiens a opposé trois groupes. Peux-tu en citer au moins deux ?

Wendy se lève et réfléchit.

— Euh… les Français et… euh… les Indiens ? bredouille-t-elle.

M. Laritate lui décoche un grand sourire.

— Parfait ! s'exclame-t-il en agitant une énorme cloche posée sur son bureau.

Nelly Rodriguez, à toi. En quelle année a commencé la guerre de 1812 ?

— Oh, j'ai révisé ce cours, dit Nelly avant de baisser les yeux vers sa main, où elle a écrit la réponse. Euh… 1812 ?

Le professeur fait de nouveau sonner sa cloche.

— Une autre gagnante !

Soudain, il pose son regard sur Alex.

— Alex Russo, peux-tu me réciter dans l'ordre chronologique les noms de tous les présidents américains ? Je te donne deux minutes !

Alex n'en revient pas. Les autres ont eu des questions si faciles ! C'est vraiment injuste.

— Attendez un peu, proteste-t-elle en se levant. Les réponses précédentes étaient indiquées dans les questions !

— Oh, Alex ! Décidément, tu es bien différente de ton frère Justin, gémit M. Laritate en secouant la tête d'un air désapprobateur.

— Absolument, rétorque la jeune fille. Je suis plus jolie et plus amusante que lui. Et je ne me promène pas avec du fil dentaire accroché à mon porte-clés.

Le professeur sourit. Il fouille dans sa poche et en sort un porte-clés auquel est accroché du fil dentaire.

— C'est pourtant une excellente idée ! s'exclame-t-il. C'est Justin qui me l'a offert.

Puis il pousse un long soupir.

— Ah ! Justin… Quand j'étais son professeur… C'était le bon vieux temps !

Alex se rassoit et se tourne encore une fois vers Harper.

— Tu as entendu ? Il me compare à mon frère !

— Je sais, c'est difficile d'être à la hauteur de Justin, répond gentiment Harper. Il est beau, intelligent et il se sert si bien de son fil dentaire… poursuit-elle d'un air rêveur.

Alex lève la main pour l'arrêter.

— C'est bon, j'ai compris ! Il a des dents parfaites ! Pourquoi ne pas le nommer président, pendant qu'on y est ?

Elle s'affale sur sa chaise. Ce cours d'histoire va lui sembler bien long…

Dans la cuisine du restaurant familial, Mme Russo enfile son tablier. Elle se prépare à faire des sandwichs, lorsque Justin et Alex entrent dans la pièce.

— Comment s'est passée votre journée à l'école ? demande-t-elle en regardant ses enfants chacun à leur tour. Attendez, laissez-moi deviner… L'un de vous a eu des problèmes.

Elle fixe Alex, en sachant très bien que sa fille a toujours tendance à se créer des tas d'ennuis.

Justin affiche un sourire satisfait pendant que sa sœur ouvre le congélateur.

En réalité, cette porte mène au sous-sol de la maison, où M. Russo donne des leçons de magie à Alex, Max et Justin deux soirs par semaine, le mardi et le jeudi.

Alex se tourne vers sa mère en soupirant.

— Si tu veux tout savoir, le questionnaire d'histoire s'est mal passé à cause de Justin, et j'ai été enrôlée dans l'équipe de mathématiques aussi à cause de Justin, se plaint-elle.

Elle descend au sous-sol. « La vie serait tellement plus simple sans Justin », pense-t-elle.

Theresa Russo hausse les sourcils en regardant son fils, qui a l'air très content de lui.

— Qu'est-ce qui te fait sourire ? l'interroge-t-elle.

— Je ne me doutais pas que j'avais été aussi occupé aujourd'hui, se vante-t-il.

2

Quand Alex entre dans le sous-sol, son père est en train de préparer la leçon de magie. Max, son petit frère, est déjà installé. Justin arrive une minute plus tard. M. Russo lève les yeux vers ses enfants en souriant.

— Aujourd'hui, le cours va porter sur les génies, annonce-t-il.

Max soupire.

— Oh, je connais déjà une Jenny, dit-il avec un air rêveur. Jenny Kowalski.

— Oublie cette fille, réplique son père. On ne va pas parler d'elle, mais des génies qui vivent dans les lampes.

Il leur montre le dessin d'une lampe magique sur le tableau.

— Dans le monde des sorciers, ils sont très rusés, ajoute-t-il pour les prévenir.

— Je croyais qu'un génie était censé exaucer trois vœux, voilà tout, s'étonne Alex.

— C'est ce qu'ils font, explique Justin. Et ils en profitent pour te jouer des tours. Finalement, tu regrettes d'avoir souhaité quoi que ce soit.

— Est-ce qu'Alex est un génie ? demande Max d'un ton taquin.

M. Russo et Justin éclatent de rire.

— Non, elle est seulement ta grande sœur, répond son père. Mais c'est bien, Max, tu as compris l'idée.

— Aucun génie ne peut me jouer de tour, affirme Alex avec assurance. Je lui ferais plutôt regretter de m'avoir rencontrée !

Justin s'assoit sur le canapé.

— Pas besoin d'être un génie pour regretter de te connaître, réplique-t-il sur un ton arrogant.

Alex lance un regard noir au jeune homme, avant d'attraper la lampe magique posée sur la table.

— Bon, on va le faire sortir, ce génie ?

— Tu ne peux pas faire ça, il risquerait de te jouer un vilain tour ! s'exclame Justin en arrachant la lampe des mains de sa sœur. Une fois qu'un génie est sorti, il est difficile de l'obliger à retourner à l'intérieur.

— Justin a raison, Alex, ajoute M. Russo. Ces explications se trouvent dans ton manuel mais, *évidemment*, tu ne les as pas lues.

Il reprend la lampe et la replace avec précaution sur la table.

— Pourquoi est-ce que tu ne peux pas être aussi prudente que ton frère ?

Alex se rassoit.

— Parce que je n'ai pas envie de grandir seule et sans amis ! déclare-t-elle.

— Tu veux dire qu'on va étudier les génies sans en voir un pour de vrai ? demande Max à son père.

— En effet, répond Jerry Russo en souriant. Le génie ne sortira pas de sa lampe… C'est nous qui allons entrer dedans ! Justin, à toi de prononcer la formule.

Les trois enfants et leur père se donnent la main et forment un cercle.

— *On est maintenant minuscules, transporte-nous chez le génie*, récite Justin en fermant les yeux.

Soudain, ils se retrouvent à l'intérieur de la petite lanterne ! Les parois sont décorées de plaques d'or et de tissu rouge, et il y a un canapé au milieu de la pièce. Au même instant, un génie vêtu d'un costume mauve et doré apparaît.

— Bienvenue à vous ! s'écrie-t-il. Et si on chantait quelque chose ? Je connais…

M. Russo l'interrompt :

— Bonjour, on n'est pas venus ici pour chanter. Je veux juste montrer à ces jeunes sorciers à quoi ressemble un génie dans son milieu naturel.

— Oh, désolé, s'excuse le génie. Je ne m'attendais pas à avoir de la visite et je n'ai rien à vous offrir, ajoute-t-il en regardant le plateau qu'il tient à la main et sur lequel sont empilés des dizaines de gâteaux. Mais je connais une super pizzeria, pas loin d'ici ! Tout le monde aime la pizza, j'espère ?

— Excellente idée ! s'exclame Alex en prenant la main du génie.

— Allons-y tout de suite ! répond joyeusement celui-ci.

— *On est maintenant minuscules,* se met à réciter la jeune fille, *transporte-nous…*

Justin plaque la main sur la bouche de sa sœur.

— Tu vois, papa ? Elle croyait qu'un génie était incapable de lui jouer un tour, et elle a failli en libérer un !

— Tu te trompes, réplique Alex. J'étais sur le point de plaquer ma main sur ma bouche !

M. Russo hoche la tête.

— C'est pour cette raison que je vous ai conduits ici, explique-t-il. Pour vous montrer à quel point les génies sont rusés.

— C'est vrai, on est très rusés, ajoute le génie d'un ton sérieux avant de se tourner vers Alex. Et si on allait en discuter autour d'un milk-shake ? Je connais un restaurant qui en sert de très bons à la banane !

— Oh, ça a l'air super ! s'écrie Alex. Allons-y ! Mais avant, va mettre ton blouson.

— D'accord ! chuchote le génie en s'éloignant pour aller s'habiller.

— Tu as vu ? dit la jeune fille en se tournant vers son père. Je viens de jouer un tour à un génie. Maintenant, sortons d'ici !

Alex, Justin, Max et M. Russo forment à nouveau un cercle en se donnant la main.

— *On est maintenant minuscules, transporte-nous hors de la lampe*, récite Justin.

Aussitôt, ils réapparaissent dans le sous-sol, comme par magie !

3

Le lendemain, Alex entre précipitamment dans la salle de M. Laritate. Par chance, personne d'autre n'est encore arrivé. Elle sort la lampe magique de son sac. Un peu plus tôt ce matin, elle est discrètement descendue dans le sous-sol pour la prendre : elle a envie de faire un vœu, afin de voir ce qui va se passer.

Elle inspire profondément et frotte un côté de la lampe. « Qu'est-ce que ce serait cool si Justin pouvait disparaître quelque temps, pense-t-elle. Je n'aurais plus à entendre tous les compliments que lui font sans arrêt les gens ! »

Soudain, le génie apparaît, assis sur le bureau du professeur d'histoire. Il est habillé de manière plus décontractée que la veille, et il tient à la main un serpent vivant et un plumeau.

— Oh, c'est toi ! dit-il en voyant Alex. J'étais en train de nettoyer le goulot de ma lampe.

Le génie claque des doigts : le serpent et le plumeau disparaissent. Puis il descend du bureau pour s'approcher de la jeune fille.

— Bon, j'ai compris, soupire-t-il. Tu veux entendre mon discours habituel : merci d'avoir frotté ma lampe. Je sais que tu avais le choix entre plusieurs, et je suis heureux que tu te sois décidée pour la mienne. Tes désirs sont des ordres. Et tu as droit à trois vœux, bla bla bla.

C'est justement ce qu'Alex espérait !

— D'accord, commence-t-elle avec nervosité. J'aimerais que les gens arrêtent de me comparer à Justin.

— Ton grand frère ? demande le génie. C'est vrai qu'il a l'air très intelligent. Je suis content qu'il ne soit pas le mien. Ça ne doit pas être facile de vivre dans son ombre.

— Exactement ! s'exclame Alex. Allez, exauce mon souhait.

— OK ! s'écrie joyeusement le génie d'une voix perçante. Et voilà : plus personne ne te comparera à lui.

Puis, il se penche vers la jeune fille et murmure :

— Tu dois certainement savoir qu'un génie essaie toujours de s'enfuir discrètement.

— Tu ne peux pas t'enfuir, puisque je t'autorise à partir, répond Alex.

Le génie semble intrigué.

— Tu me laisses partir ? interroge-t-il.

— Bien sûr, réplique la jeune fille en lui faisant signe de sortir. J'ai mon souhait, ça me suffit.

Le génie ricane. Lorsque la sonnerie retentit, Alex le pousse vers la porte.

— Allez, va-t'en, le cours va commencer.

— Merci ! s'exclame le génie, tout excité.

— Non, c'est moi qui te remercie.

Pendant ce temps, les élèves s'installent à leur place. M. Laritate entre à son tour.

— Bonjour ! Je vous ai préparé une petite surprise : une interrogation du jeudi… alors que nous sommes vendredi !

Il parcourt la classe du regard, et ses yeux se posent sur Alex.

— Et voilà, ça recommence, marmonne la jeune fille.

Elle espère que la magie du génie va fonctionner.

— Alex Russo, peux-tu citer le nom de deux explorateurs qui ont participé à l'expédition de Lewis et de Clark ? interroge le professeur.

Alex n'en croit pas ses oreilles.

— Euh… vous venez de me donner la réponse… dit-elle, choquée.

— Pas du tout, réplique M. Laritate d'un ton ferme. Je ne donne jamais d'indice !

Alex sourit.

— D'accord. Dans ce cas, je vais citer deux explorateurs : Lewis et Clark.

— Waouh ! s'exclame le professeur. Deux réponses exactes sur deux ! Bravo à la gagnante : elle peut venir sonner la cloche elle-même.

Alex regarde M. Laritate avec étonnement.

— Il n'y a personne à qui vous voulez me comparer ? demande-t-elle en s'attendant à ce que le professeur lui parle de Justin.

Mais M. Laritate a l'air confus.

— Euh… non.

Alex affiche un grand sourire. Elle s'avance vers le bureau et agite la cloche. « Merci, génie, pense-t-elle. Si plus personne ne me compare à mon ennuyeux grand frère, ça va être génial ! »

4

Une fois le cours terminé, Alex et Harper sortent de la salle de classe et se dirigent vers leurs casiers.

— C'est incroyable, dit Alex à son amie. M. Laritate ne m'a pas posé de questions ridicules auxquelles seul Justin aurait été capable de répondre.

Harper se tourne vers Alex d'un air intrigué.

— Qui est Justin ? interroge-t-elle.

— Comment ça, qui est Justin ? s'étonne Alex en ouvrant son casier.

Au même moment, Justin s'approche des deux filles. Il a l'air très nerveux.

— Alex, il vient de m'arriver quelque chose de vraiment bizarre. Je me suis fait renvoyer du cours de chimie. Mon professeur prétend que je ne suis pas sur la liste des élèves. Je lui ai dit qu'elle se trompait, car ça fait des mois que je suis ses leçons, mais elle ne se souvient pas de moi...

— Oh oui, c'est vraiment bizarre, murmure sa sœur.

— Elle devrait pourtant se souvenir d'un élève qui est capable de réciter par cœur son cours de chimie, reprend Justin.

— Et si tu allais raconter ton histoire à tes amis ? le coupe Alex en lui montrant un groupe de garçons, un peu plus loin dans le couloir.

— Bonne idée, répond son frère en s'éloignant.

Harper se penche vers son amie.

— C'est lui, Justin ? chuchote-t-elle. Le nouvel élève qui est *super* mignon ?

— Non, il n'est pas nouveau. C'est mon frère et il est *super* ringard, réplique Alex.

Harper regarde son amie d'un drôle d'air.

— C'est impossible. Tu n'as qu'un seul frère et il s'appelle Max.

— Oh mon Dieu ! s'écrie Alex.

Elle commence enfin à comprendre ce qui a dû se passer.

— Harper, je te retrouve plus tard, d'accord ? ajoute-t-elle avant de partir en courant.

— D'accord ! lance son amie. Mais ne va pas tomber amoureuse de Justin ! C'est moi qui l'ai repéré la première !

— C'est promis, je te le laisse ! répond Alex.

Justin est en train de discuter avec les élèves de sa classe… On dirait qu'ils ne se souviennent pas de lui, eux non plus.

— Hier après-midi, on a joué à des jeux vidéo ensemble, essaie d'expliquer Justin à l'un de ses amis.

— Désolé, c'est la première fois que je te vois, réplique le garçon.

Il ne sait plus du tout qui est Justin !

Sur le point de se mettre en colère, celui-ci se tourne vers Alex.

— Je n'ai plus d'amis. Mon professeur ne se souvient plus de moi. Qu'est-ce que tu as fait ? demande-t-il d'un ton accusateur.

— Moi ? proteste Alex. Dès qu'il se passe un événement qui sort de l'ordinaire, tu crois automatiquement que c'est de ma faute !

Mais la jeune fille affiche une expression coupable : Justin a raison de se méfier.

— Est-ce que tu as quelque chose à voir avec tout ça ? interroge-t-il en pointant un doigt sur elle.

Alex prend une profonde inspiration.

— Oui, avoue-t-elle d'un air embarrassé.

Justin pousse un gémissement. Comment se fait-il que personne ne le reconnaisse ?

— J'ai... demandé au génie d'exaucer l'un de mes souhaits : je ne voulais plus qu'on me compare tout le temps à toi. Je suppose qu'il a dû lancer un sortilège pour que tout le monde t'oublie.

Justin essaie de garder son calme.

— Dans ce cas, il te suffit d'ordonner au génie d'inverser le sortilège afin que tout le monde se souvienne à nouveau de moi, explique-t-il à sa sœur.

— C'est impossible, répond la jeune fille. Je l'ai laissé partir. Comme ça, il n'a pas pu s'enfuir, ajoute-t-elle en souriant.

— C'est idiot, se moque Justin. C'est comme donner ton argent à un cambrioleur pour éviter qu'il le vole lui-même.

Alex lève les bras au ciel.

— Bon, qu'est-ce que tu attends de moi ?

— Rien, réplique son frère d'un ton sec. Tu as fait assez de bêtises pour aujourd'hui. Il va falloir qu'on demande à papa de nous aider.

Après la fin des cours, Alex et Justin rentrent au restaurant des Russo. Leur père est occupé à servir les clients. Quand il voit ses enfants arriver, il s'approche d'eux et serre la main de Justin.

— Bonjour, je suis Jerry, le père d'Alex. Enchanté de faire ta connaissance, annonce-t-il.

Puis il retourne vers une table pour prendre une commande.

— On s'est déjà rencontrés ! s'exclame Justin, choqué par l'attitude de M. Russo.

Alex soupire.

— Je ne crois pas que papa va pouvoir nous aider, marmonne-t-elle.

Au même instant, Mme Russo sort de la cuisine. « Elle se souviendra peut-être de Justin », espère Alex.

— Bonjour ! Qui est ton nouvel ami ? demande Theresa Russo en entraînant sa fille à l'écart.

Elle se penche vers Alex et chuchote :

— Il ressemble comme deux gouttes d'eau à ton oncle Ernesto.

Alex reste bouche bée. C'est une véritable catastrophe...

Pendant ce temps, Justin commence à réaliser les conséquences du souhait de sa sœur.

— Ce n'est pas seulement à l'école que ça m'arrive ! se met-il à hurler. Plus personne ne se souvient de moi dans ma propre famille !

Alex passe un bras autour de ses épaules et essaie de le rassurer.

— Regarde le bon côté des choses, dit-elle gentiment. Je parie que tu n'auras pas à faire la vaisselle ce soir.

Mais en voyant l'expression furieuse de son frère, elle comprend que la vaisselle est le dernier de ses soucis…

5

Alex attrape la main de Justin et l'entraîne dans la cuisine du restaurant pour qu'ils puissent discuter de leur problème en privé. Elle doit le rassurer et le persuader qu'elle trouvera une solution à cette nouvelle catastrophe !

— OK, Justin, commence-t-elle. Je sais que la situation n'est pas brillante. Plus personne ne te connaît. Mais je vais arranger ça.

Elle lui fait un grand sourire.

— Et puis, pense un peu à tous les avantages que ça représente ! ajoute-t-elle.

Le jeune homme lui lance un regard noir.

— Comme ne plus avoir à faire la vaisselle, par exemple ?

— Oui ! réplique Alex avec enthousiasme.

Même si elle réalise que ce n'est pas un argument très convaincant, elle essaie de rester positive.

Justin détourne la tête.

— Je préfèrerais que mes parents se souviennent de moi, marmonne-t-il.

Soudain, une idée lui traverse l'esprit.

— Où est-ce que je vais dormir ce soir ? s'écrie-t-il.

— Un soir, je me suis endormie à la table 5, dit Alex en montrant la salle du restaurant. Elle est très confortable, tu sais.

Justin est désespéré. Il se cogne la tête contre le mur. Les choses vont de mal en pis !

Alex comprend qu'elle doit agir, et vite ! Elle prend une profonde inspiration et se met à réfléchir.

— Bon, viens avec moi, ordonne-t-elle en sortant de la cuisine.

En frottant son front endolori, Justin soupire et suit sa sœur. Celle-ci se dirige vers Mme Russo.

— Maman, les parents de Justin sont partis pour une semaine et il a perdu sa clé : elle est tombée dans une bouche d'égout. Il n'a donc pas d'endroit où dormir.

— Oh, quelle histoire ! s'exclame Theresa Russo en regardant gentiment le jeune homme. Dans ce cas, tu es le bienvenu chez nous, Justin. Tu peux rester ici jusqu'au retour de tes parents.

— C'est vrai ? s'étonne-t-il, touché par l'hospitalité de sa propre mère.

— Bien sûr, insiste-t-elle avant de s'éloigner pour prendre la commande d'un client.

— Merci ! lui lance Justin.

— Tu vois ? lui dit Alex avec fierté. Le problème est résolu !

— Oui, tout va à merveille, répond-il sur un ton ironique. Mais mes parents ne savent toujours pas qui je suis ! crie-t-il en levant les bras au ciel.

Au même moment, Max Russo entre dans le restaurant. Justin n'a jamais été si content de voir son petit frère ! Il est convaincu que Max va le reconnaître.

— Salut Max ! lance-t-il. Tu te souviens de moi, n'est-ce pas ?

— Évidemment.

— C'est vrai ? s'exclame Justin.

Quelqu'un l'a enfin reconnu !

— Mais oui, ajoute Max. Tu es mon oncle Ernesto ! J'ai déjà vu ta photo dans l'album de ma mère.

Justin est découragé. Les choses empirent…

Tout à coup, la porte s'ouvre et Harper se précipite dans le restaurant. Elle a dans les bras une énorme sculpture. Elle s'approche d'Alex.

— Regarde ce que j'ai fait en cours d'arts plastiques ! annonce-t-elle à son amie.

Alex jette un rapide coup d'œil à l'objet et secoue la tête : c'est une sculpture du visage de Justin. La ressemblance est parfaite !

Soudain, Harper l'aperçoit.

— Oh, mon Dieu, il est ici ! s'écrie-t-elle en tirant Alex par le bras pour attirer son attention. Est-ce que tu me trouves assez présentable ?

Alex observe de nouveau la sculpture, puis son amie.

— Oui, plus que cette œuvre d'art en tout cas ! s'exclame-t-elle en riant.

Puis elle se tourne vers son grand frère.

— Justin, appelle-t-elle. Regarde qui vient d'arriver. Elle a fabriqué quelque chose de très… euh… joli.

— Salut, Harper, répond poliment le jeune homme.

Surprise, la jeune fille recule d'un pas.

— Tu connais mon nom ? demande-t-elle. Tiens, j'ai fait ça pour toi, ajoute-t-elle en tendant la sculpture à Justin.

Elle rougit en réalisant qu'il y a trois traces de rouge à lèvres en forme de baiser sur le visage de la statue !

— Mais ce n'est pas moi qui ai embrassé la sculpture, s'empresse-t-elle d'ajouter.

— Merci, dit-il en prenant l'objet. Je vais l'emporter dans ma chambre…

Justin s'interrompt et regarde Alex d'un air énervé.

— Du moins, dès que mes parents seront de retour, termine-t-il avant de s'éloigner.

— Oh, où est-ce que tu habites pour l'instant ? lui lance Harper.

— Ici, répond Alex.

— Tu l'as invité à s'installer chez toi ? s'étonne son amie en fronçant les sourcils. C'est pourtant moi qui l'ai repéré la première ! Tu n'as pas tenu ta promesse !

Sur ces mots, Harper sort du restaurant, furieuse.

Justin revient vers sa sœur.

— Alex, il faut absolument qu'on trouve une solution.

— Je suis certaine que nos parents ne t'ont pas vraiment oublié. Tu es leur fils aîné. On pourrait les aider à retrouver la mémoire.

Alex et Justin se dirigent aussitôt vers la table que Jerry et Theresa Russo sont en train de débarrasser. Le jeune homme, un peu nerveux, s'adresse à eux très poliment :

— Euh… M. et Mme Russo, puisque je vais habiter chez vous pendant quelques jours, ce serait bien que vous me connaissiez un peu.

— Dans ce cas, parle-nous de toi, dit Jerry Russo en souriant.

— Eh bien… Justin adore le lycée, commence Alex en passant un bras autour de l'épaule du jeune homme.

— Il adore le lycée ? s'exclame Mme Russo. Ce n'est pas le cas d'Alex…

— Et j'aime beaucoup regarder les matchs de base-ball à la télévision avec mon père, ajoute Justin.

Il s'approche de Jerry Russo et s'écrie :

— Allez les Mets !

— Oh, toi aussi, tu es fan de l'équipe de base-ball des New York Mets ? s'exclame M. Russo. Et en football américain, tu préfères les Jets ou les Giants ?

— Les Jets, bien sûr, répond le jeune homme, qui sait que c'est l'équipe préférée de son père.

Celui-ci affiche un grand sourire.

— Tu as bien raison ! s'écrie-t-il en serrant la main de son fils. Bienvenue dans notre famille !

Justin se met à rire avec embarras.

Alex s'installe sur un tabouret devant le bar, pendant que sa mère s'active et que Justin et son père continuent de bavarder.

— Ce jeune homme est très bien, chuchote Mme Russo à sa fille. Tu devrais sortir avec lui…

— Pouah ! Quelle horreur, proteste Alex en fronçant le nez.

— C'est exactement ce que j'ai dit la première fois que j'ai rencontré ton père, lui confie Theresa Russo.

Elle jette un coup d'œil à son mari et pousse un soupir.

— Mais maintenant, c'est mon gros nounours adoré, ajoute-t-elle.

— Beurk, c'est encore plus dégoûtant d'entendre ça ! s'exclame la jeune fille.

M. Russo s'approche d'elle.

— Justin est un jeune homme parfait. Tu devrais essayer de lui ressembler un peu plus, lui suggère-t-il.

Quoi ? Alex n'en croit pas ses oreilles ! Les gens continuent de la comparer à Justin ! Elle se lève et se dirige vers son grand frère.

— Ils ne se souviennent plus que tu es leur fils, mais ils recommencent à te trouver parfait, se plaint-elle.

Justin hausse les épaules.

— J'ai trop de qualités, voilà tout, réplique-t-il.

Alex soupire. La situation est de plus en plus catastrophique. Qu'est-ce qu'elle va bien pouvoir faire, maintenant ?

6

Ce soir-là, Justin et Alex sont en pyjama dans le salon de la famille Russo. Le jeune homme a ouvert le canapé pour y passer la nuit, mais il ne veut pas aller se coucher avant d'avoir mis au point un plan avec Alex.

— Bon, il faut d'abord retrouver le génie. Comment comptes-tu t'y prendre ? demande-t-il à sa sœur.

Alex arpente la pièce de long en large.

— Je ne sais pas, avoue-t-elle. J'ai beau chercher, je n'ai pas d'idée. J'aimerais tant qu'il revienne.

Soudain, le génie apparaît devant elle.

— Waouh ! s'exclame Justin.

— Qu'est-ce qui s'est passé ? s'étonne la jeune fille.

— Tu as souhaité qu'il revienne et il est revenu, voilà tout, explique-t-il.

— Je viens d'exaucer ton deuxième vœu, ajoute le génie.

— Sois prudente, Alex, l'avertit Justin. Il ne te reste plus qu'un seul vœu : essaie de ne pas te tromper, cette fois.

— Je sais, je sais, répond sa sœur, très agitée. J'aimerais bien que tu arrêtes de…

Elle s'interrompt : elle a failli gâcher son dernier vœu ! Tout en continuant de marcher en rond au milieu du salon, elle réfléchit à haute voix :

— Ah ! s'exclame-t-elle avant de secouer la tête. Non, ce n'est pas ça. Je vais réussir, j'en suis certaine. Bon, voilà :

j'aimerais que les gens se… Non, non et non ! Euh… j'aimerais que Justin soit… Non, non et non ! Le génie me jouerait un autre tour. J'aimerais… je voudrais que mon premier souhait… Je voudrais que mon grand frère…

Le génie s'affale dans un fauteuil et éclate de rire.

— Oh, c'est vraiment trop amusant !

— Ça y est ! J'ai trouvé ! s'exclame Alex en affichant un grand sourire.

Justin s'approche de sa sœur.

— Attends un peu avant de l'énoncer à haute voix : dis-le-moi d'abord à l'oreille.

Mais Alex est sûre d'elle et refuse de l'écouter. Elle prononce son troisième et dernier vœu :

— J'aimerais que tout le monde voie Justin tel qu'il est vraiment.

— Attends, ça ne va pas marcher ! essaie de la couper son frère.

Trop tard… Justin a déjà disparu ! Alex regarde autour d'elle et aperçoit un pyjama qui flotte dans les airs. Le jeune homme est devenu invisible !

— Voilà, le tour est joué, déclare le génie d'un air satisfait en ouvrant la porte pour partir. Merci d'avoir frotté ma lampe. Elle est à toi, maintenant.

Sur ces mots, il s'en va.

— Alex, regarde ce que tu as encore fait ! s'écrie Justin. À cause de toi, ma vie est fichue !

— Calme-toi, conseille sa sœur. Tu es *invisible*, ce qui présente des tas d'avantages. Il n'y a pas quelque chose que tu as toujours eu envie de faire ? Quelqu'un contre qui tu voudrais prendre ta revanche ? Maintenant que tu es invisible, tu peux le faire !

Soudain, Alex sent quelque chose lui frapper la tête.

— Voilà, j'ai pris ma revanche, annonce Justin.

— OK, je l'ai bien cherché, admet sa sœur.

— Maintenant, trouve une solution ! supplie le jeune homme.

Tout à coup, ils entendent M. Russo qui les appelle :

— Hé, les enfants, vous voulez un peu de glace ?

Paniquée, Alex regarde dans la direction de son frère. Soudain, elle voit son pyjama tomber sur le sol.

— Qu'est-ce que tu fais ? demande-t-elle, horrifiée. Rhabille-toi !

— Mais non, comme ça, je serai totalement invisible, explique Justin.

Sa sœur grimace.

— Beurk ! Cache-toi, ajoute-t-elle en entendant son père traverser la cuisine.

Jerry Russo entre dans le salon.

— Où est ton ami ?

— Dans la salle de bains, réplique Alex en essayant d'avoir l'air désinvolte.

— Oh, répond son père. Je vais m'asseoir ici et attendre qu'il revienne. J'adore parler de sport avec lui, tu sais.

Alors qu'il est sur le point de s'installer dans un fauteuil, Alex réalise que son frère est déjà assis à cette place ! Elle se jette vers M. Russo pour l'en empêcher.

— Non, pas ici ! hurle-t-elle.

— Pourquoi pas ? s'étonne son père, qui ne comprend plus rien.

— Parce que c'est mon fauteuil préféré, réplique très vite Alex. Et je vais m'y asseoir tout de suite.

— Pousse-toi ! s'écrie tout à coup Justin, toujours invisible.

— Qui vient de parler ? demande M. Russo en regardant autour de lui.

— Euh… commence la jeune fille en affichant une mine coupable.

— Alex Russo, je veux que tu m'expliques ce qui est arrivé ici, reprend son père d'un ton sévère. Et que tu me dises pourquoi il y a un oreiller qui flotte au milieu du salon !

Alex sait qu'elle ne peut plus mentir : il faut qu'elle avoue enfin la vérité… même si cette histoire peut paraître incroyable.

— Justin est invisible ! lance-t-elle.

Au même moment, Mme Russo entre précipitamment dans la pièce.

— Jerry, qu'est-ce qui se passe ? interroge-t-elle.

M. Russo regarde sa femme en secouant la tête.

— J'ai failli m'asseoir sur Justin, l'ami invisible d'Alex.

Theresa Russo, qui ne sait pas où regarder, appelle :

— Justin ! Qu'est-ce que ma fille t'a fait ?

— Je n'en sais rien, dit son mari, qui a du mal à garder son calme.

En dehors de la famille Russo, personne n'est censé savoir qu'Alex possède des pouvoirs magiques !

— Ce qui se passe a l'air *magique*, mais je suis sûr qu'il y a une explication scientifique et rationnelle… ajoute M. Russo pour rassurer le jeune homme.

— Papa, le coupe Alex, Justin est au courant pour la magie.

Jerry Russo se détend un peu.

— D'accord. Explique-nous ce qu'elle t'a fait, Justin.

L'oreiller se remet à flotter dans les airs.

— Eh bien, elle a… commence Justin.

— Attendez ! s'écrie Mme Russo. Il tient cet oreiller devant lui pour…

Elle s'interrompt, en comprenant que même s'il est invisible, le jeune homme se sert de l'oreiller pour se cacher…

Très vite, Justin attrape la sculpture de Harper et la place devant l'endroit où devrait se trouver son visage.

— Faites comme si vous parliez à l'oncle Ernesto, conseille-t-il.

Theresa Russo se tourne vers sa fille.

— Alex, raconte-nous ce qui est arrivé.

La jeune fille s'assoit et prend une profonde inspiration.

— OK, je vais tout vous dire. Mais vous n'allez pas me croire.

— Bien sûr que si ! s'exclame son père.

— Justin est mon grand frère et votre fils aîné.

— Je refuse de te croire, réplique aussitôt M. Russo.

— Si, c'est vrai ! proteste Alex. J'ai demandé au génie d'exaucer mon souhait : je voulais que les gens arrêtent de me comparer à Justin. Le génie a lancé un sort pour que tout le monde l'oublie. Et ensuite, il est devenu invisible !

Au même moment, une voix résonne derrière la sculpture :

— Elle dit la vérité ! Alex est ma sœur !

Mme Russo n'est pas convaincue.

— Tu essaies de me dire que j'ai un fils dont je ne me souviens pas ? demande-t-elle à Alex en croisant les bras.

La jeune fille se relève brusquement.

— S'il vous plaît, croyez-moi. J'ai gâché mes trois souhaits, et le génie a été trop rusé pour moi.

Soudain, M. Russo comprend tout.

— Les génies sont des créatures particulièrement sournoises, explique-t-il à sa femme.

Alex regarde ses parents d'un air suppliant. Elle s'en veut vraiment d'avoir provoqué cette situation.

— Vous devez m'aider. Justin ne peut pas rester invisible pour toujours. J'ai grandi avec lui. Il est peut-être ringard et ennuyeux, mais il est aussi amusant et assez naïf pour que je puisse lui faire des farces. Et puis c'est mon frère. J'ai besoin qu'il revienne !

Theresa Russo passe un bras autour des épaules de sa fille.

— Tu sais, ma chérie, je te crois, maintenant. Tu as l'air de vraiment aimer ton frère.

— Toi aussi, tu l'aimes, chuchote Alex à sa mère.

— Et beaucoup mieux qu'Alex, ajoute Justin.

— J'essaie pourtant de t'aider, marmonne celle-ci avant d'inspirer profondément. Bon, il faut trouver une solution.

Son père s'approche d'elle.

— Je te crois aussi, ma grande, dit-il en lui serrant gentiment le bras. Mais qu'est-ce que je peux faire ? Ce génie s'est montré plus intelligent que toi.

Ce n'est pas ce qu'Alex a envie d'entendre. Comment rétablir la situation, maintenant ?

— Je suis désolée, Justin, déclare-t-elle d'une voix sincère.

— Quoi qu'il en soit, je suis contente d'avoir un autre fils ! intervient Mme Russo, qui voit toujours le bon côté des choses. Viens me faire un câlin, dit-elle à Justin en tendant les bras.

Mais tout à coup, elle s'arrête.

— Euh… d'abord, rhabille-toi, s'il te plaît.

— D'accord, répond le jeune homme. Je reviens tout de suite.

Alex et ses parents regardent l'oreiller sortir de la pièce en flottant. Max, que cette longue conversation a réveillé, entre dans le salon à cet instant.

— Ah ! Un oreiller volant ! s'exclame-t-il. Il faut que tu m'apprennes ce tour, papa. Comme ça, je pourrai dormir debout.

Tout à coup, Alex a une idée.

— Vous savez quoi ? annonce-t-elle à ses parents. Le génie m'a peut-être joué un tour, mais je vais maintenant tenter de le duper. Max, comment ferais-tu pour inciter un génie à retourner dans sa lampe ?

— C'est facile ! affirme le petit garçon d'un air sûr de lui. Avec du jus d'orange !

— Du jus d'orange ? s'étonne sa sœur.

Max hoche la tête.

— Si quelqu'un versait du jus d'orange sur le sol de ma chambre, je serais vraiment furieux, explique-t-il.

— Tu as renversé du jus d'orange dans ta chambre, n'est-ce pas ? demande Mme Russo à son fils. Je t'ai pourtant interdit d'emporter des verres là-haut.

Elle sort aussitôt de la pièce pour aller constater les dégâts.

— Tu vois ? se vante Max. Elle est furieuse et j'ai réussi à l'attirer dans ma chambre !

Alex sourit. Elle a eu raison de faire confiance à Max ! Elle espère simplement que leur plan va marcher. L'avenir de Justin en dépend !

7

Dans la cuisine, Alex et Max regardent leur père verser soigneusement du jus d'orange dans la lampe magique.

— Ça marche ? demande la jeune fille avec impatience, en allongeant le cou pour mieux voir.

Aucun signe du génie pour l'instant… Elle pousse un soupir de frustration et tend la main pour s'emparer de la lampe.

— C'est raté ! hurle-t-elle en la secouant.

Mais, au même moment, le génie apparaît devant elle. Il n'a pas l'air content du tout !

— Hé ! Qu'est-ce que vous faites ? s'écrie-t-il.

— Tu vois ? dit Max à sa sœur. Rien de tel que du jus d'orange pour énerver quelqu'un.

— J'arrêterai de secouer la lampe si tu exauces le souhait de Max, déclare-t-elle.

— D'accord, accepte le génie, inquiet pour sa maison. Que veut ce petit garçon ?

— J'aimerais avoir cette coupe de cheveux et une chemise comme celle-ci, répond Max en montrant sa tête et ses vêtements.

— Je ne peux pas te donner ce que tu as déjà ! s'exclame le génie. À quoi es-tu en train de jouer ? ajoute-t-il d'un air méfiant.

— J'aimerais jouer au jeu du génie ! réplique Max.

— Quel jeu du génie ?

Le petit garçon s'approche de lui.

— Tu sais parfaitement ce que j'essaie de faire, reprend-il.

Le génie jette des regards nerveux autour de lui.

— J'ai l'impression que tu essaies d'obtenir des informations sur le bouton qui permet de revenir en arrière…

Dès qu'il a prononcé ces mots, le génie plaque sa main sur sa bouche : il réalise qu'il en a trop dit !

Tout excitée, Alex applaudit.

— Max, il y a un bouton qui permet de revenir en arrière !

Maintenant, il suffit à son petit frère de faire un vœu pour inverser le sortilège !

— Tu sais ce qu'il te reste à souhaiter, Max, reprend-elle en lui adressant un sourire d'encouragement.

— Une piscine en gâteau ? demande-t-il, les yeux brillants d'enthousiasme.

— Mais non ! soupire sa sœur. Le bouton !

Même s'il est déçu de ne pas pouvoir obtenir ce qu'il veut, Max obéit et s'adresse au génie :

— J'aimerais que tu me montres le bouton qui permet de revenir en arrière.

— Dans la lampe ! ajoute Alex.

— Dans ta lampe, précise Max.

Soudain, un tourbillon magique transporte les Russo et le génie à l'intérieur de la lampe ! Mais à cause du jus d'orange, tout est inondé.

— Waouh ! s'exclame Jerry Russo.

— Miam ! dit Alex en se léchant les lèvres.

— Max, où es-tu passé ? lance alors son père, paniqué.

— Ici ! répond le petit garçon en remontant à la surface.

— Où est le bouton ? interroge Alex.

— Contre ce mur, explique le génie à contrecœur. Quand on l'enfonce, cela annule tous les vœux exaucés, comme si rien n'était jamais arrivé.

Dès qu'Alex appuie sur le fameux bouton, Max, son père et elle sont tout à coup transportés dans le salon, où les attend Mme Russo. Leur plan a fonctionné !

Alex reprend son souffle et cherche Justin des yeux. Il est de retour !

— Ouf ! fait le jeune homme, en constatant qu'il est de nouveau visible. J'ai eu peur de ne pas pouvoir revenir !

— Oh, Justin ! s'exclame sa mère en se précipitant vers lui pour le serrer dans ses bras.

— Je suis tellement heureuse de te revoir ! crie Alex.

— Je suis désolée de t'avoir oublié, ajoute Theresa Russo, tout émue.

— Comment une mère peut-elle oublier son propre fils ? la taquine Jerry Russo.

— Comment un père peut-il oublier son propre fils ? réplique-t-elle pour plaisanter.

— Maintenant, il est temps d'aller te recoucher, ajoute M. Russo à Max.

Le petit garçon et ses parents quittent la pièce. Alex et Justin se retrouvent seuls. Le jeune homme regarde sa sœur.

— Tu étais vraiment inquiète quand j'étais invisible, pas vrai ? demande-t-il.

Embarrassée, Alex voudrait bien sortir à son tour et éviter cette conversation.

— Mais non. Si tu étais resté invisible, j'aurais seulement eu peur de constamment te rentrer dedans, explique-t-elle.

— Tu mens, répond Justin en faisant semblant d'être soudain très triste pour imiter Alex. « J'ai besoin que mon grand frère revienne… », gémit-il.

— Oui, je suis contente que tu sois de nouveau visible, réplique la jeune fille d'une voix douce. Comme ça, je peux me venger ! s'écrie-t-elle.

Elle se retourne, attrape un coussin et s'en sert pour frapper le visage de Justin.

Celui-ci continue de gémir :

— « Mon frère me manque tellement... Il est si parfait... »

Alex lui donne un autre coup de coussin. Elle n'a pas fait revenir Justin pour qu'il se moque d'elle !

Pourtant, elle doit bien admettre qu'elle est heureuse d'avoir pu arranger les choses. Tout le monde la compare à lui, c'est vrai. Malgré tout, Justin est son grand frère, et Alex n'a pas envie que les choses changent !

Deuxième histoire :

Le nouveau professeur de magie

1

Après l'école, Alex, Justin et Max Russo se retrouvent dans le sous-sol de leur maison pour suivre le cours de magie de leur père. Justin est en train de faire un exposé oral… et tout le monde s'ennuie ! Son petit frère et sa sœur se sont assoupis et même M. Russo a bien du mal à garder les yeux ouverts.

— Voici comment Li, le grand sorcier chinois, s'est servi pour la première fois d'écailles de dragon pour fabriquer une boîte dans laquelle ranger sa baguette magique, continue le jeune homme, sans réaliser que personne ne l'écoute. Et alors, au XIIe siècle, neuf sorciers…

Soudain, son père jette un coup d'œil à sa montre.

— C'est terminé ! s'exclame-t-il. Un exposé ne doit pas durer plus de quarante-cinq minutes, sinon les autres ne peuvent plus suivre. Alex, c'est à ton tour !

Mais la jeune fille est profondément endormie.

— Alex ! crie M. Russo.

Elle sursaute et regarde autour d'elle, paniquée. Le bruit a aussi réveillé Max, qui se cogne la tête contre le mur, juste derrière lui.

— Euh… quoi ? marmonne Alex avant de comprendre où elle se trouve. Ah oui, bien sûr, ajoute-t-elle en faisant semblant de savoir où ils en sont dans la leçon.

— Je t'ai demandé de préparer un exposé sur les boules de cristal : leur histoire, leurs usages et leur fabrication, précise M. Russo en essayant de ne pas perdre patience.

Alex se lève et commence son exposé :

— Les boules de cristal : usages et fabrication. Oh, en fait, j'ai surtout parlé de celles qui sont minuscules et qu'on peut transformer en bijoux, comme ça !

Elle écarte ses cheveux pour leur montrer ses nouvelles boucles d'oreilles.

— Regardez ! C'est mignon, pas vrai ? Voilà, mon exposé est terminé ! dit-elle en se rasseyant.

M. Russo est plutôt mécontent.

— Tu le prépareras correctement pour demain, déclare-t-il d'un ton ferme avant de se tourner vers Max. À toi !

Le petit garçon ouvre son cahier et s'éclaircit la gorge.

— Les chaudrons : comment s'en servir et les nettoyer.

Au même moment, un nuage de fumée jaillit dans la pièce. Une vieille baignoire apparaît, dans laquelle est assis l'oncle Kelbo, le frère de Jerry Russo !

— Que faites-vous dans ma salle de bains ? demande-t-il en feignant d'être embarrassé.

— Oncle Kelbo ! s'écrient en chœur Alex, Max et Justin.

— Bonjour mes petits, répond leur oncle en sortant de la baignoire.

Il porte un maillot de bain démodé, avec des rayures bleues et blanches.

— Désolé d'arriver sans prévenir, reprend-il gentiment. J'avais envie de voir mes neveux et ma nièce préférés.

Tous les trois sont ravis. En revanche, M. Russo n'est pas très heureux de cette visite surprise.

— Kelbo, je t'ai déjà dit de ne pas surgir comme ça !

Tout à coup, l'alarme à incendie se met à retentir, et Kelbo se souvient pourquoi son frère lui a interdit d'arriver ainsi.

— C'est vrai, j'avais oublié. À chaque fois, ça déclenche votre alarme.

Jerry Russo agite les bras pour essayer de disperser la fumée.

Kelbo évite le regard furieux de son frère et se tourne vers les enfants.

— Alors, est-ce que tout va bien ?

— On était au milieu d'exposés très ennuyeux, se plaint Alex.

Son oncle secoue la tête avec étonnement.

— Vous savez pourtant que vous êtes des sorciers, n'est-ce pas ?

— La plupart du temps, papa veut qu'on étudie la magie *sans faire* de magie pour de vrai, explique la jeune fille.

— C'est parce qu'il ne peut plus la pratiquer, réplique Kelbo. Pour moi, c'est comme quelqu'un qui ne sait pas cuisiner : il devient professeur de cuisine !

Cette remarque irrite Jerry Russo, qui est propriétaire d'un restaurant : il est très fier de ce qu'il cuisine ! Il lance un regard noir à son frère.

— D'accord, je ne suis pas devenu le sorcier de la famille, admet-il. Mais tu serais très surpris de goûter à mes hamburgers.

Max hoche la tête.

— Oui, il ajoute du fromage à l'intérieur de la viande.

Kelbo montre son gros ventre.

— Je sais, j'ai souvent goûté à ses spécialités… Alors, de quoi parliez-vous ?

— Eh bien… euh… j'ai présenté un exposé sur Li, le grand sorcier chinois, annonce Justin avec satisfaction.

— Li ? Je l'adore ! Je vais l'appeler, il te racontera tout ce qu'il a fait au cours de sa vie ! dit-il à Justin en lui adressant un clin d'œil.

Kelbo sort sa baguette magique et se met à tapoter dessus comme s'il s'agissait d'un téléphone.

— Allô ? Li ?... Salut ! Comment va ta femme ?

Pendant ce temps, Jerry Russo secoue un vieux balai autour de lui pour chasser la fumée. En entendant son frère parler dans sa baguette, il se met à protester :

— J'aimerais bien que tu arrêtes de les distraire et que tu respectes mes méthodes d'enseignement.

M. Russo attrape la baguette de son frère.

— Oui, tu as raison. Essayons d'être sérieux, admet Kelbo en levant les bras.

— Merci, réplique Jerry Russo.

— J'ai des cadeaux pour vous ! hurle soudain Kelbo.

— Je croyais que tu avais décidé d'être sérieux, grommelle son frère.

Max, Justin et Alex, enthousiastes, se pressent autour de leur oncle.

— Chouette, des cadeaux !

— Justin, reprend Kelbo, j'ai des chewing-gums d'opéra pour toi.

— Ah, c'est gentil, répond le jeune homme, un peu perplexe. À quoi est-ce que ça sert ?

Alex lève les yeux au ciel.

— Ce sont des chewing-gums *d'opéra.* Essaie-les, tu verras.

Justin en prend un et commence à mâcher. Puis il ouvre la bouche et il chante :

— Aaaaahhh…

Une longue note grave retentit, comme si Justin était devenu un chanteur d'opéra. Il éclate de rire, avant de cracher le chewing-gum.

— Je vais les garder pour le spectacle du lycée, explique-t-il.

— Maintenant, à Max, reprend Kelbo. Je t'ai apporté une pipe de lutin, pour faire des bulles de savon magiques.

Son oncle tend l'objet au petit garçon.

— Pose une question, souffle dans la pipe et la bulle te donnera la réponse. Vas-y, essaie.

— Génial ! s'exclame Max. Je veux connaître les réponses de la prochaine interrogation d'histoire !

Il souffle dans la pipe. Une grosse bulle apparaît, sur laquelle est inscrit : « Oui ».

Kelbo rit.

— Attention, ça marche seulement avec des questions dont la réponse est « oui » ou « non » ! explique-t-il. À présent, c'est au tour de ma nièce préférée : voici un *émotionscope* !

Il tend à Alex un tube qui ressemble à un gros kaléidoscope.

— Il te suffit de regarder à l'intérieur et tu sauras ce que ressentent les gens autour de toi.

— Cool ! s'écrie la jeune fille. Je rêvais d'en avoir un !

Elle place l'objet devant l'un de ses yeux et le pointe vers Justin. Deux cercles apparaissent : le premier affiche son grand frère tel qu'il est, tandis que le second représente ce qu'il éprouve vraiment. Dans celui-ci, Justin n'arrête pas de sauter sur place, l'air très anxieux.

— Étonnant ! commente Alex.

Elle déplace le tube en direction de Max. Dans le second cercle, son petit frère a l'air totalement perdu, comme s'il ne comprenait rien à ce qui se passe autour de lui.

Pour finir, Alex dirige l'objet sur son père. Son expression mécontente est exactement la même dans les deux cercles.

— Oh ! Tu es aussi furieux à l'extérieur qu'à l'intérieur ! constate sa fille.

— Parce que personne ne veut poursuivre mon cours de magie ! s'écrie-t-il.

— Il a raison, ajoute Kelbo. Je devrais arrêter de vous distraire. Qui a envie d'aller au zoo ?

Justin, Alex et Max gémissent. Ils sont déjà allés au zoo des centaines de fois. Pourquoi leur oncle n'a-t-il pas une idée plus originale ?

— Attendez, je n'ai pas terminé, reprend Kelbo. Qui a envie d'aller au zoo… en singe ?

La proposition retient aussitôt l'attention des enfants Russo.

— Tu vas te transformer en singe ? demande Max, incrédule.

Kelbo hoche la tête.

— Pas seulement moi, vous aussi ! annonce-t-il, enthousiaste.

— Non, Kelbo, je ne suis pas d'accord, intervient M. Russo. La magie n'est pas un jeu.

Son frère hoche de nouveau la tête.

— Oui, je comprends. Nous en reparlerons…

Soudain, il claque des doigts : Justin, Max, Alex et lui disparaissent sous les yeux de Jerry Russo.

— J'attends cette discussion avec impatience, marmonne celui-ci.

Les visites de son frère créent toujours des ennuis. Il soupire, en espérant que, cette fois, tout se passera bien. Mais avec Kelbo, on ne sait jamais ce qui peut arriver…

2

Plus tard ce soir-là, dans la cuisine, M. Russo marche de long en large pendant que sa femme prépare le dîner.

— Où sont-ils passés ? dit-il d'un ton agité en montrant une assiette pleine de hamburgers. Le repas est bientôt prêt !

— Calme-toi, Jerry, conseille Mme Russo. Ils sont sortis s'amuser avec leur oncle. C'est une bonne chose.

— Tu lui fais vraiment confiance pour surveiller nos enfants ? réplique son mari.

Theresa Russo s'arrête de couper les légumes et le regarde.

— Non, mais je fais confiance à nos enfants pour le surveiller.

Au même instant, Justin, Alex et Max entrent dans la pièce et entourent leur mère.

— Nous nous sommes tellement amusés au zoo ! s'exclame la jeune fille.

Kelbo arrive à son tour.

— Je ne les ai même pas transformés en singes, explique-t-il à M. Russo.

— Ah, c'est bien, répond-il, en remarquant pourtant la queue de singe qui dépasse des vêtements de ses enfants. Mais alors, d'où viennent ces queues ?

L'oncle Kelbo rit avec embarras.

— Qui veut un chocolat chaud ? demande-t-il aux enfants pour essayer de détourner l'attention de Jerry Russo.

Il en profite pour claquer discrètement des doigts : les queues disparaissent.

— Bon, j'ai envie d'essayer ma pipe à bulles, dit soudain Max.

— Laisse-moi poser une question ! intervient Justin en la lui prenant des mains.

Il se racle la gorge et réfléchit.

— Depuis trois semaines, chaque mercredi, une fille me laisse des mots dans mon casier. J'aimerais bien savoir qui m'admire en secret. Comment s'appelle-t-elle ?

Il prend une inspiration et souffle dans la pipe. Une grosse bulle se forme, dans laquelle est écrit : « non ».

— Ce n'est pas comme ça qu'il faut poser ta question, explique Max. La pipe ne répond que « oui », « non » ou « je ne sais pas ».

— Ah, soupire Justin. Dans ce cas, est-ce qu'elle s'appelle Cathy Antinocci ?

Il souffle une autre bulle. La réponse est de nouveau « non ».

— Est-ce que c'est Corrie Montanio ?

La bulle indique encore « non ».

Découragé, Justin se tourne vers Max.

— Il y a des dizaines de filles dans ma classe... Ça risque de prendre du temps.

— Pas de problème.

Mais Max se demande tout à coup pourquoi il est si généreux avec Justin. Il lui arrache la pipe des mains et part dans sa chambre en courant. Justin le suit.

— Alex, je suis content que tu sois rentrée à l'heure pour regarder le match de basket à la télévision avec moi, dit M. Russo en essayant de paraître optimiste.

La jeune fille va s'asseoir sur le canapé, à côté de son oncle.

— Euh… désolée, papa, je n'ai pas très envie.

— J'ai des billets pour assister au match de ce soir, intervient Kelbo. Dans la tribune de luxe réservée aux sorciers. Veux-tu y aller, Alex ?

— Dans la tribune des Sorciers ? s'exclame-t-elle.

— Exactement, répond Kelbo avec un grand sourire. Tu vois le tableau des scores à un bout du terrain ? Eh bien, la tribune des Sorciers se trouve à l'intérieur.

Les yeux d'Alex brillent de joie.

— Ça a l'air fantastique ! Il faut absolument que je voie ça, ajoute-t-elle en se tournant vers ses parents. Papa, est-ce que tu m'autorises à y aller ?

— Attends un peu, intervient son père. Tu refuses de regarder la rencontre avec moi, mais dès que Kelbo propose de t'y emmener, tu en as envie ?

Alex hoche la tête avec enthousiasme.

— Malheureusement… Je crois que c'est impossible. Ta mère a plein de choses à faire et elle a besoin de ton aide. N'est-ce pas, Theresa ?

— Non, je n'ai pas besoin d'elle, se contente de dire Mme Russo en souriant à sa fille. Alex, tu devrais plutôt aller voir ce match. Cela te fera du bien de passer du temps avec ton oncle.

Kelbo se lève brusquement.

— Parfait, c'est donc réglé ! Nous devrions partir au plus vite pour éviter les embouteillages de sorciers.

— Attends, dit Alex à son oncle. Il fait froid dehors. Je vais chercher un pull.

— Tu es une sorcière ! lui rappelle-t-il.

— Tu as raison ! déclare-t-elle, tout excitée.

Elle claque des doigts et récite : « *Pullus cachemirus apparus.* » Instantanément, un pull de cachemire vert apparaît sur elle.

— Oh, comme il est doux, murmure-t-elle en caressant son bras.

— Hé, c'est mon pull ! s'exclame Theresa Russo.

— Oh, désolée, maman, je me suis trompée. Nous en reparlerons…

Mais avant que sa mère ait le temps d'ajouter quoi que ce soit, Alex et son oncle disparaissent sous ses yeux.

— J'attends cette discussion avec impatience, marmonne Mme Russo d'un ton ironique.

Son mari soupire. La visite de Kelbo, pleine d'événements inattendus et de magie, se déroule comme il le craignait…

3

La foule se met à hurler, tandis qu'un joueur marque un panier. Depuis la tribune des Sorciers, Alex, qui adore assister à un match en direct, a une vue plongeante sur le terrain. C'est cent fois mieux que de le regarder à la télévision, assise à côté de son père, sur le canapé !

— Nous sommes donc à l'intérieur du tableau des scores, dit-elle à son oncle. Nous pouvons tout voir, mais personne ne peut nous distinguer, c'est bien ça ?

Vêtu d'un smoking noir, Kelbo est en train de manger un sandwich et de boire un soda.

— Tout à fait, répond-il en souriant. C'est l'avantage de la tribune des Sorciers.

Lorsqu'il remarque l'heure qui s'affiche sur le tableau, son sourire disparaît.

— Il n'y a qu'un seul inconvénient…

Au même instant, une voix annonce la mi-temps.

— Bouche-toi les oreilles ! conseille Kelbo à sa nièce.

Alex obéit, mais cela ne suffit pas vraiment à protéger ses oreilles d'une horrible alarme qui se met à retentir autour d'elle. La sirène qui signale la mi-temps a l'air dix fois plus forte que d'habitude !

— Nous essayons de nous débarrasser de ce bruit, explique Kelbo. Au fait, parle-moi un peu de l'admiratrice secrète de Justin… Je suis sûr qu'il s'agit de toi, ajoute-t-il avec un sourire entendu.

Alex se redresse sur son siège et remet en place sa casquette blanche et noire.

— Oui, tu as raison. Ça fait trois semaines que je glisse des petits mots dans son casier, pour lui dire qu'il est mignon et très gentil, et des tas d'autres choses qui ne sont pas vraies du tout.

Puis elle se penche vers son oncle.

— Tu ne diras rien à papa, promis ?

— Ne t'inquiète pas. C'est une plaisanterie classique. Voilà ce que je te propose pour la rendre plus amusante encore : tu trouves un génie que tu déguises en admiratrice secrète. Dès que Justin l'apercevra, tu pourras t'emparer de son âme et la garder prisonnière dans une lampe magique. J'adore cette blague ! s'exclame-t-il en claquant sa main sur son genou et en éclatant de rire.

Mais, après la mauvaise expérience qu'elle a eue avec un génie, Alex ne trouve pas du tout que ce soit une très bonne idée.

— Je n'ai pas l'intention d'aller si loin, explique-t-elle à Kelbo.

— Ah, tu es encore jeune. Il te reste beaucoup à apprendre.

— Et je suis certaine que tu pourrais m'enseigner plein de choses, répond la jeune fille, en espérant que son oncle comprenne ce qu'elle attend de lui.

— Bien sûr, réplique-t-il avec fierté.

— Vraiment ?

Alex rêve d'avoir Kelbo comme professeur, plutôt que son père, dont les cours sont tellement ennuyeux. Son oncle va peut-être accepter de l'aider...

— Oui, dit Kelbo.

La jeune fille a une chance de le convaincre ! Elle prend une grande inspiration.

— Tu t'amuses tout le temps avec la magie. Ce n'est pas comme papa... commence-t-elle.

Malheureusement, son oncle passe déjà à un autre sujet : il a envie de montrer un tour à Alex.

— Écoute-moi bien, celui-ci est excellent ! Tiens ton visage entre tes mains, comme ça, explique-t-il en attendant qu'Alex l'imite. « *Cranium revolvus !* »

Soudain, les têtes de tous les sorciers assis dans la tribune se mettent à pivoter à toute allure !

Alex n'en croit pas ses yeux. Quel tour génial !

— J'adore ça ! s'exclame-t-elle. Je suis impatiente de l'essayer à l'école...

Tout à coup, une voix annonce la reprise du match.

— Bouche-toi les oreilles ! la prévient Kelbo.

Alex obéit.

Elle affiche un grand sourire. Elle n'a pas encore demandé à son oncle s'il acceptait de lui donner des cours de magie à la place de son père, mais elle le fera bientôt. Elle espère qu'il sera d'accord et comprendra que c'est une idée de génie !

4

Le lendemain, dans le couloir du lycée, Alex aperçoit Justin près des casiers. Il tient un bout de papier rose à la main.

— Hé, qu'est-ce que c'est ? demande-t-elle en s'approchant de lui.

— Encore un petit mot de mon admiratrice secrète, se vante le jeune homme. Elle m'en laisse un tous les jours, maintenant.

— Waouh, c'est super ! As-tu une idée de qui il s'agit ?

Justin admire le bout de papier rose, un grand sourire aux lèvres.

— Non, mais elle est sûrement très mignonne. Regarde, dit-il en montrant le petit mot à sa sœur. Elle dessine des cœurs au-dessus des « i » : cela indique toujours qu'une fille est mignonne ! ajoute-t-il en riant.

Alex se penche et renifle le papier.

— Oh, il est même parfumé !

— À cause de mes allergies, je ne peux pas le sentir, répond Justin en haussant les épaules.

Alex lève les yeux au ciel.

— En tout cas, il y a une inconnue qui rêve de toi, affirme-t-elle d'un ton sarcastique. J'espère qu'elle n'a ni chien, ni chat, ni poussière chez elle : avec tes allergies, ça risquerait d'être un problème. C'est quand même dommage de ne pas savoir qui c'est !

Justin réfléchit un instant, avant de s'exclamer avec enthousiasme :

— Je crois que j'ai un plan ! Je vais…

Il s'interrompt et observe sa sœur d'un air méfiant.

— Tu n'es peut-être pas intéressée par mon plan idiot…

— Si, justement, l'encourage gentiment Alex. Je veux tout savoir !

— D'accord, reprend le jeune homme en essayant de garder son calme. Alors voilà : je vais me cacher dans cette poubelle et surveiller mon casier.

— Quelle idée géniale ! s'écrie sa sœur en jetant un coup d'œil à la poubelle qui se trouve à l'autre bout du couloir.

— Pas vrai ? Et Max acceptera de m'aider.

— Il va faire le guet pour toi ? s'étonne Alex.

D'habitude, ni Justin ni elle ne peuvent compter sur Max pour ce genre de chose.

— Non. Il devra empêcher l'équipe de lutte de jeter Eugène Troobnick dans cette poubelle, comme ils le font tous les jours à trois heures.

Alex n'en revient pas. Justin a réussi à imaginer un plan tout seul ! Elle va devoir se montrer prudente, si elle veut qu'il continue de croire à cette admiratrice secrète !

Un peu plus tard, après l'école, Justin et Max sont dans le sous-sol de la maison. Ils regardent leur père marcher de long en large : comme d'habitude, Alex est en retard, et M. Russo est impatient de pouvoir commencer son cours.

— Où est-elle passée ? se plaint-il. Je n'ai pas envie de devoir expliquer deux fois de suite les règles de sécurité magiques.

Max s'affale sur le canapé.

— Et moi, je n'ai pas envie de les entendre du tout… marmonne-t-il.

Soudain, comme sortis de nulle part, Alex et Kelbo apparaissent. La jeune fille porte un chapeau de cow-boy rose, un gilet de cuir décoré d'étoiles roses et des jambières de cuir rose par-dessus son jean. Son oncle est lui aussi déguisé en cow-boy.

— Désolé pour ce retard, dit-il à son frère en souriant. Mais tu sais à quel point j'adore le Far West.

— C'était super ! ajoute Alex en s'approchant de son père. On s'est occupés d'un troupeau de vaches et on s'est amusés à les marquer au fer rouge.

— Je vais aller me rafraîchir et prendre un bon bain chaud, annonce Kelbo.

— Oh, j'aimerais tant faire comme toi, déclare Alex.

— Sûrement pas ! intervient M. Russo en agitant un doigt vers elle.

Puis il place les deux mains sur les épaules de sa fille et l'oblige à s'asseoir sur une chaise.

— Tu es très en retard, et tes frères et moi t'avons assez attendue comme ça ! ajoute-t-il.

— Nous allons apprendre des règles de sécurité magiques, explique Justin. Saviez-vous que la plupart des accidents qui arrivent aux sorciers surviennent à moins d'un kilomètre de chez eux ?

Alex lui fait un grand sourire avant de se tourner de nouveau vers son père.

— Papa, mon retard n'a pas vraiment d'importance, car oncle Kelbo n'a pas arrêté de m'apprendre des sortilèges depuis quelques jours. Et il m'a dit qu'il pourrait être mon professeur de magie à ta place.

— Ah bon ? Il a proposé ça ? s'étonne M. Russo, choqué.

— Ah bon ? J'ai proposé ça ? s'étonne à son tour Kelbo.

— Oui, réplique Alex, sûre d'elle, en fixant son oncle.

— Attends une seconde…

Il claque des doigts et disparaît ! Il réapparaît aussitôt avec un verre d'eau à la main. Les Russo se demandent ce qu'il va encore inventer.

— Kelbo, est-ce que c'est toi qui as eu cette idée ? l'interroge M. Russo.

— Eh oui : j'avais besoin de boire un grand verre d'eau ! répond son frère, qui préfère éviter le sujet d'Alex.

Mais la jeune fille insiste :

— Pendant le match de basket, tu as déclaré que tu acceptais de m'enseigner la magie !

— C'est vrai, mais je pensais seulement à des tours amusants ou à des plaisanteries à jouer aux autres, explique son oncle.

— Oh, comme papa ! s'exclame Max, en se souvenant d'une blague que son père aime beaucoup. Il a des bougies d'anniversaire qui se rallument une fois qu'on les a soufflées.

Alex va s'asseoir à côté de son petit frère.

— Je ne parlais pas de ça, explique-t-elle. Mais, par exemple, d'un sortilège qui fait tourner les têtes de cinquante sorciers en même temps !

— Oh ! s'écrie Max, émerveillé. J'aurais tant aimé voir ça !

— En effet, c'est plus amusant que des bougies qui se rallument ! ajoute Justin.

M. Russo a l'air de plus en plus contrarié.

— Pourtant, vous adorez mes bougies… commence-t-il.

— Écoute, Alex, reprend son oncle avec sérieux. Je suis très flatté que tu aies envie de m'avoir comme professeur de magie. Mais c'est le rôle de ton père.

Alex secoue la tête.

— Papa s'en sort très bien avec Justin et Max. Mais je n'exploite pas assez mon potentiel avec lui.

— Désolé de ne pas t'aider à « exploiter ton potentiel », réplique M. Russo, fâché. Tu as raison, Kelbo devrait devenir ton professeur. Peut-être que tu n'arriverais plus en retard !

— Je serai à l'heure, papa. Et puis, je crois que j'apprends mieux la magie en la pratiquant qu'en écoutant tes cours.

Son père croise les bras et lui tourne le dos.

— Puisque c'est ainsi, tu prendras des cours avec ton oncle, annonce-t-il.

— Attends un peu, intervient Justin en se précipitant vers lui. On a le droit de changer de professeur ? Dans ce cas, je vais choisir…

En voyant le visage mécontent de M. Russo, le jeune homme se tait et va se rasseoir.

Alex a un grand sourire aux lèvres. À partir de maintenant, elle ne sera plus obligée d'écouter les discours ennuyeux de son père ! Elle va pouvoir apprendre des tas de sortilèges amusants avec son oncle Kelbo ! « Je suis prête », pense-t-elle, tout excitée.

5

Dans le couloir du lycée, Max se tient près de la poubelle. Il fait le guet, comme il l'a promis à Justin.

— Pardon, lui dit un membre de l'équipe de lutte en passant devant lui. Cette poubelle est réservée.

Les trois lutteurs qui le suivent portent Eugène dans leurs bras.

— Oh ! celle-ci est… déjà pleine, bredouille Max. Mais il y en a une qui sent encore plus mauvais au premier étage.

Les garçons haussent les épaules et font demi-tour en direction de l'escalier.

— À demain, à la même heure, Eugène ! lance Max.

Une fois qu'ils sont partis, il s'essuie le front.

— Ouf, j'ai eu chaud ! Je ne sais pas si je vais encore tenir longtemps, soupire-t-il.

— C'est moi qui suis dans les ordures ! s'exclame Justin en sortant la tête de la boîte. J'ai des fourmis dans les jambes, sans oublier que je déteste me retrouver dans un espace sombre et étroit !

Tout à coup, Max voit une fille qui remonte le couloir.

— Quelqu'un arrive ! annonce-t-il à son grand frère en s'appuyant contre la poubelle. Je vais essayer d'avoir l'air normal.

— Parfait, marmonne Justin en se cachant de nouveau.

— Oui, je vais siffloter, ça paraîtra encore plus naturel, ajoute le petit garçon à voix basse.

Tandis que la jeune fille s'approche, il se met à siffler avant de réaliser que ce n'est pas une adolescente, mais Doris, une dame qui travaille à la cantine. Celle-ci se dirige vers le casier de Justin !

— Oh, mon Dieu ! murmure-t-il en se penchant vers la poubelle. Doris est amoureuse de toi !

Dès qu'elle est repartie, Justin sort de sa cachette. Il est horrifié par ce qu'il vient d'apprendre. Soudain, il se souvient de quelque chose.

— C'est logique, déclare-t-il. Maintenant, je comprends pourquoi mon lait est toujours plus froid que celui des autres élèves.

— Qu'est-ce que tu vas faire ? interroge Max.

— Lui écrire une lettre pour lui dire que je suis bien entendu flatté. Et que si j'avais vingt ou trente ans de plus, nous aurions peut-être vécu une belle histoire d'amour.

— Bonne idée, acquiesce son petit frère. Mieux vaut ne pas lui faire trop de peine : sinon, elle risquerait de te servir du lait tiède.

Justin éclate de rire et donne une petite claque dans le dos de Max. Maintenant que le mystère de son admiratrice est résolu, il se sent beaucoup mieux. Et il est très flatté d'avoir été choisi par la dame de la cantine !

Dans un autre couloir du lycée, Alex sort d'une salle de classe et aperçoit Doris qui l'attend.

— Merci beaucoup. Voici la cuillère à purée que vous m'aviez demandée en échange, lui dit la jeune fille en lui tendant l'ustensile.

— Oh ! merci à toi ! répond Doris d'un air ravi. Les gens pensent que c'est la même chose qu'une cuillère à glace, mais ils se trompent !

Alex, elle, ne peut s'empêcher de sourire. « Je lui ai pourtant donné une cuillère à glace », murmure-t-elle. Mais au moins, Justin croit maintenant que c'est la dame de la cantine qui dépose les petits mots dans son casier ! La farce d'Alex a fonctionné !

6

Ce jour-là, dans le sous-sol de la maison, M. Russo est en train de terminer son cours de magie.

— Voilà comment on peut disparaître et réapparaître cinq mètres plus loin, explique-t-il avec un sourire.

— Autant marcher, c'est plus simple, dit Justin en levant les yeux au ciel.

Il s'ennuie terriblement. Soudain, un éclair de lumière jaillit devant la porte : Alex et Kelbo entrent dans la pièce.

— Salut, papa ! lance la jeune fille en se tournant vers M. Russo.

— Tu as manqué un excellent cours. Tes frères ont appris à disparaître et à réapparaître cinq mètres plus loin. C'était amusant, pas vrai, les garçons ?

— Oui, un peu plus passionnant que le sortilège qui sert à faire mûrir les fruits, réplique Justin avec ironie.

— Merci, dit M. Russo, qui n'a pas bien compris la plaisanterie de son fils. Kelbo, je te prête le sous-sol pour le cours d'Alex. Mais s'il te plaît, ne dérange rien, d'accord ?

Il fait signe à Max et à Justin de le suivre. Avant de quitter la pièce, il s'arrête un instant et tend une boîte au petit garçon.

— Au fait, Max, est-ce que tu veux des cacahouètes salées ?

— Bien sûr, papa, marmonne son fils, sans enthousiasme.

C'est la blague la plus ennuyeuse de M. Russo, et Max la connaît par cœur. Il ouvre la boîte, et de petits serpents montés sur ressorts en sortent brusquement.

— Waouh ! s'exclame Jerry Russo. Des serpents de toutes les couleurs !

Il regarde autour de lui pour observer la réaction des autres, mais tous le dévisagent d'un air consterné. Il ne comprend pas : d'habitude, ses enfants adorent cette farce ! M. Russo s'empresse de quitter le sous-sol en compagnie de ses fils.

Dès qu'ils sont partis, Alex s'affale sur le canapé.

— Alors, sur quoi va porter ton cours ? demande-t-elle à Kelbo.

Celui-ci s'assoit à côté de sa nièce, s'étire et bâille.

— Je vais peut-être d'abord faire une petite sieste…

Il est sur le point de s'endormir, mais il se redresse en voyant le visage mécontent d'Alex.

— Bon, en tout cas, je n'ai pas l'intention de t'apprendre à faire mûrir les fruits, commence-t-il. Parce qu'il n'y a rien de plus facile ! Il suffit d'acheter une pomme et de se propulser dans le futur : ta pomme est mûre, prête à être mangée !

— Tu vas me montrer comment voyager dans le temps ? interroge Alex. J'ai toujours eu envie d'essayer ça !

Avant que Kelbo puisse répondre, une lettre traverse la porte.

— Oh ! Du courrier magique ! s'exclame-t-il avant d'aller ramasser l'enveloppe.

— Est-ce qu'on peut commencer notre cours ? proteste Alex.

— Nous allons d'abord lire cette lettre, puis nous reviendrons en arrière dans le temps, et ce sera comme si nous ne l'avions pas lue !

Mais la jeune fille n'est pas certaine que ce soit une bonne idée. Elle examine l'enveloppe.

— Un échantillon de petites crevettes ? soupire-t-elle, très déçue. Nous en recevions tout le temps quand nous étions enfants. Ce sont de minuscules animaux marins qu'il faut mettre dans un aquarium. C'est très ennuyeux.

— Mais non, ces crevettes sont extra ! Allez, ouvre cette lettre !

— Je ne sais pas, insiste Alex, méfiante. Ce ne sont pas des crevettes normales : elles sont arrivées par la poste des sorciers. Et papa n'aime pas qu'on ouvre le courrier magique en son absence, car c'est parfois dangereux.

Kelbo commence à s'impatienter.

— Je comprends. Cependant, ton père n'est plus ton professeur de magie. Et s'il se passe quelque chose d'inhabituel, je m'en occuperai.

— D'accord. Mais on a besoin d'eau pour ces crevettes…

Au même instant, Kelbo déchire l'enveloppe et de l'eau en jaillit !

— Apparemment, ça n'est pas la peine, commente la jeune fille.

Son oncle place une tasse sous l'enveloppe. L'eau continue de couler à flots, et la tasse déborde !

— Sers-toi de tes pouvoirs magiques pour arrêter ça ! crie Alex.

— Hum… oui, oui, d'accord, marmonne Kelbo, qui fait semblant de connaître la solution. Attends une seconde, je vais trouver la bonne formule !

Alex, nerveuse, regarde son oncle. L'eau éclabousse tout autour d'eux. D'ici quelques minutes, le sous-sol sera inondé !

Kelbo semble très embêté.

— Je n'y arrive pas ! hurle-t-il. Je suis trop paniqué pour réfléchir !

Alex est encore plus paniquée que lui ! Son oncle devrait pourtant savoir comment résoudre une telle situation ! M. Russo va être furieux et il va sûrement la punir… si elle ne se noie pas avant !

7

Dans le restaurant de la famille Russo, Max aperçoit Justin, assis à une table. Il passe un foulard sur sa tête et se dirige vers son grand frère.

— Devine qui je suis !

Le petit garçon s'éclaircit d'abord la gorge, puis essaie de parler d'une voix stridente :

— Je suis Doris, la dame de la cantine ! Je suis amoureuse de Justin. Donne-moi un baiser, mon grand…

Max approche ses lèvres de Justin, qui recule vivement. Le petit garçon éclate de rire.

Au même instant, un homme entre dans le restaurant.

— C'est M. Gunderson, un professeur de sport du lycée, annonce Max à son frère. Qu'est-ce qu'il vient faire ici ? Il a l'air furieux.

M. Gunderson se dirige droit sur eux et les fixe tour à tour.

— Lequel de vous deux est Justin Russo ? interroge-t-il.

Aussitôt, Max indique Justin et Justin, Max. Ils connaissent M. Gunderson de réputation, et celui-ci n'est pas un tendre !

— Je suis sûr que c'est toi ! reprend le professeur en pointant le doigt sur Justin. Pourquoi est-ce que tu envoies des lettres d'amour à ma petite amie, Doris ?

— Euh… je… bredouille le jeune homme. Elle a laissé plusieurs petits mots dans mon casier, et j'ai seulement essayé de lui dire gentiment de ne plus m'écrire…

À l'autre bout du restaurant, Mme Russo s'aperçoit que quelque chose ne va pas. Elle rejoint ses fils.

— Excusez-moi. Il y a un problème ? demande-t-elle à M. Gunderson.

— Votre fils est en train de m'expliquer qu'il a reçu des lettres d'amour de ma petite amie, la dame de la cantine ! s'écrie le professeur.

C'est au tour de Theresa Russo d'être surprise.

— La dame de la cantine ? Tu peux me montrer l'une de ces lettres, Justin ?

— J'en ai une, annonce Max en sortant un bout de papier rose de sa poche et en le tendant à sa mère.

Justin lui lance un regard noir. Le petit garçon préfère partir dans la cuisine.

Mme Russo lit le mot à haute voix :

— « J'adore ta veilleuse en forme de sabre-laser »…

Elle arrête immédiatement sa lecture pour regarder Justin.

— Comment la dame de la cantine peut-elle savoir que tu as une veilleuse ? demande-t-elle.

Tout à coup, le jeune homme comprend qui se cache derrière tout ça…

— Alex ! déclare-t-il, furieux.

— Alex est ma fille, explique Theresa Russo à M. Gunderson. Elle a quatorze ans et elle aime beaucoup tourmenter son grand frère.

— Ah, je vois, répond le professeur d'un air plus gentil. Tu dors encore avec une veilleuse ? interroge-t-il en se tournant vers Justin.

Celui-ci hoche la tête.

— C'est bien, ajoute M. Gunderson. L'obscurité est parfois effrayante. Désolé d'avoir hurlé sur toi. Doris me reproche tout le temps d'être trop jaloux.

Il rit avec embarras, puis se dépêche de sortir du restaurant.

Soudain, Justin et sa mère entendent un cri dans la cuisine. Ils s'y précipitent et découvrent M. Russo, étendu sur le sol, le visage couvert de gâteau à la crème.

— Est-ce que ça va, chéri ? s'inquiète Theresa Russo en se penchant vers lui.

— Euh... oui, la rassure-t-il en se relevant lentement et en s'essuyant la figure. J'allais porter ce gâteau dans la salle et j'ai dérapé. Je ne comprends pas pourquoi !

— Moi, je sais, intervient Max en montrant la porte qui mène au sous-sol. Il y a de l'eau qui vient de là. Tu as dû glisser.

— Oh... mais qui est dans le sous-sol ? demande Mme Russo, l'air préoccupé.

— Alex et Kelbo, répond Justin en entrant dans la cuisine.

— Bon, déclare Jerry Russo en essayant de garder son calme. Il faut descendre voir ce qui se passe.

— C'est trop risqué, réplique sa femme. Si nous ouvrons cette porte, le restaurant risque d'être inondé !

M. Russo réfléchit un instant. Il doit agir vite. Soudain, il a une idée.

— Justin, tu te rappelles le sortilège que je t'ai appris aujourd'hui ? Tu vas me transporter cinq mètres plus loin, d'accord ?

— J'ai compris ! crie le jeune homme.

— Attends une seconde ! ajoute son père. J'ai besoin de quelque chose.

Il sort de la pièce en courant et revient vêtu d'une tenue de plongée sous-marine.

— Voilà, je suis prêt. Mieux vaut être prévoyant, explique-t-il à sa femme, qui le regarde en haussant les sourcils d'un air étonné. Justin, fais-moi disparaître et réapparaître dans le sous-sol.

Le jeune homme prend une profonde inspiration. Il ne faut surtout pas qu'il se trompe de formule magique !

— *Cinq métrus movetrus*, prononce-t-il, en espérant que le sortilège va marcher.

Dans le sous-sol inondé, deux énormes crevettes flottent à la surface.

— J'arrive à respirer sous l'eau ! remarque Alex. Comment est-ce possible ?

— Euh… parce que nous sommes des crevettes, explique Kelbo.

— Dépêche-toi de trouver une idée pour tout arranger ! s'écrie sa nièce.

Elle n'avait pas prévu de se transformer en animal aux antennes recourbées et à la queue de sirène !

— Détends-toi, lui conseille gentiment son oncle. Je me suis déjà retrouvé dans des situations pires que celle-ci.

Au même instant, Alex aperçoit son père qui nage dans leur direction.

— Tu as ouvert une enveloppe magique qui contenait des crevettes ? lui demande-t-il aussitôt.

— Si on veut... répond la jeune fille.

M. Russo est mécontent, mais avant tout, il doit faire face à la catastrophe.

— Je connais un sortilège qui va tout arranger, annonce-t-il. Alex, répète après moi : « Je suis une andouille. »

Alex obéit :

— « Je suis une andouille »... Attends, ce n'est pas une formule magique ! proteste-t-elle.

M. Russo affiche un grand sourire.

— Non, c'est vrai. Je voulais juste t'entendre le dire.

Kelbo s'approche de son frère en agitant sa longue queue.

— S'il y a une andouille ici, c'est bien cette crevette ! s'exclame-t-il en riant et en se désignant.

— Je me demande si cette crevette connaît un sort pour annuler tout ça… réplique M. Russo, en colère. Par chance, j'en ai un ! Alex, répète après moi : *Dehydratus-louganus, apus-escapus.*

La jeune fille prononce la formule magique. Immédiatement, l'eau disparaît. « Heureusement qu'on peut compter sur son père ! » pense Alex.

Alex, qui s'essuie les cheveux avec une serviette, retrouve ses parents, son oncle et ses frères dans le salon.

— Je ne comprends pas… commence-t-elle en regardant son oncle et son père. C'est papa qui a réussi à tout arranger, pas Kelbo.

Elle se tourne vers Max et Justin.

— Pourtant, papa n'a plus de pouvoirs magiques, ajoute-t-elle, l'air confus.

— Tu sais, ton père a toujours été un meilleur sorcier que moi, reconnaît Kelbo.

— C'est impossible, intervient Justin. Un seul sorcier par famille a le droit de conserver ses pouvoirs. Si papa avait été le meilleur, c'est lui qui les aurait gardés.

Kelbo, choqué, regarde son frère.

— Tu ne leur as jamais raconté ? demande-t-il.

Alex s'avance. Que leur ont caché leurs parents ?

— Nous raconter quoi ?

— Chéri, je crois qu'ils sont assez grands, maintenant, non ? dit Mme Russo à son mari.

Max bondit de son fauteuil en s'écriant :

— Assez grands pour aller faire du karting ?

— Non, réplique M. Russo en secouant la tête.

— Quand Kelbo et votre père ont passé les épreuves pour savoir lequel resterait un sorcier, c'est votre père qui a gagné, explique Theresa Russo à ses enfants.

— Quoi ? s'exclame Alex. C'est incroyable ! Personne ne nous a jamais raconté cette histoire ! Je pensais que papa avait perdu !

— Mais un sorcier n'a pas le droit d'épouser quelqu'un qui n'est pas une sorcière. Alors votre père a laissé ses pouvoirs à Kelbo pour pouvoir se marier avec moi, ajoute-t-elle en posant tendrement la main sur l'épaule de son mari.

— C'est l'histoire la plus charmante que j'ai jamais entendue, murmure Alex en souriant.

— Renoncer à ses pouvoirs pour une fille ? s'étonne Max. Quelle idée !

— Oui, une idée ridicule ! renchérit Justin.

— Hé, les garçons ! leur lance Alex. Si papa avait gardé ses pouvoirs, nous ne serions pas là, tous les trois.

M. Russo hoche la tête avant de serrer sa femme dans ses bras.

— Oui, j'ai pris la bonne décision et j'en suis heureux, déclare-t-il.

Alex réalise qu'elle s'est mal comportée avec son père.

— Et j'aurais dû te soutenir, papa. Acceptes-tu d'être de nouveau mon professeur de magie ?

Kelbo se précipite vers son frère.

— Oui, je t'en supplie ! Reprends-la dans ton cours. Je n'y arrive pas. Je suis trop distrait… et je n'arrête pas de me tromper… et… oh, je ne sais plus ce que je voulais dire ! Je suis tellement distrait…

— Oui, je veux bien être de nouveau ton professeur, annonce M. Russo à sa fille.

Alex sourit, puis se tourne vers Kelbo.

— Mais tu es toujours l'oncle le plus amusant du monde, affirme-t-elle. Grâce à toi, j'ai pu me transformer en crevette. Ça n'arrive pas souvent !

M. Russo consulte sa montre.

— Le match de basket va commencer !

— Je peux le regarder avec toi, papa ? demande Alex.

— Avec plaisir ! répond son père.

— Attendez ! s'exclame Kelbo. J'ai une idée ! Nous allons tous y assister.

Avant que quelqu'un ait le temps de protester, toute la famille Russo est transportée dans la tribune des Sorciers, au-dessus du terrain !

Lorsqu'ils sont tous installés, Alex s'écrie :

— Hé, vous voulez que je vous montre quelque chose d'amusant ? Tenez-vous la tête entre les mains, comme ça.

— Qu'est-ce qu'il faut faire, Alex ? interroge Max, qui n'a pas écouté les instructions de sa sœur.

— *Cranium revolvus !* prononce la jeune fille.

La tête du petit garçon et celles de tous les autres sorciers dans la tribune se mettent à pivoter !

Max n'a pas l'air content, même si le reste de la famille éclate de rire.

Alex comprend à quel point elle aime passer du temps avec ses frères et ses parents. Il est parfois difficile d'être la petite sœur de Justin, et M. Russo est souvent sévère, mais elle n'accepterait pour rien au monde de changer de famille !

FIN

Tu connais les aventures extraordinaires de la famille Russo ? Retrouve-les dans les premiers tomes des Sorciers de Waverly Place :

Haute voltige !

Tout feu tout flamme !

Le bal de promo

Dans la gueule du loup !

L'école des sorciers

Coup de foudre

our tout savoir sur ta série préférée, connecte-toi sur le site :

www.bibliotheque-rose.com

TABLE

« Pour l'éditeur, le principe est d'utiliser des papiers composés de fibres naturelles, renouvelables, recyclables et fabriquées à partir de bois issus de forêts qui adoptent un système d'aménagement durable. En outre, l'éditeur attend de ses fournisseurs de papier qu'ils s'inscrivent dans une démarche de certification environnementale reconnue. »

Imprimé en Roumanie par G. Canale & C.S.A
Dépôt légal : septembre 2012
Achevé d'imprimer : septembre 2012
20.3069.0/01 ISBN : 978-2-01-203069-5
Loi n° 49956 du 16 juillet 1949
sur les publications destinées à la jeunesse